Frank Troue

50 x Leistung bewerten – einfach, sicher und fair!

Lernplakate, Fotostorys, Placemat & Co.
nachvollziehbar bewerten.
Mit anpassbaren Bewertungstabellen

Wir haben uns für die Schreibweise mit dem Sternchen entschieden, damit sich Frauen, Männer und alle Menschen, die sich anders bezeichnen, gleichermaßen angesprochen fühlen. Aus Gründen der besseren Lesbarkeit für die Schüler*innen verwenden wir in den Kopiervorlagen das generische Maskulinum. Bitte beachten Sie jedoch, dass wir in Fremdtexten anderer Rechtegeber*innen die Schreibweise der Originaltexte belassen mussten.
In diesem Werk sind nach dem MarkenG geschützte Marken und sonstige Kennzeichen für eine bessere Lesbarkeit nicht besonders kenntlich gemacht. Es kann also aus dem Fehlen eines entsprechenden Hinweises nicht geschlossen werden, dass es sich um einen freien Warennamen handelt.

1. Auflage 2023
© 2023 Auer Verlag, Augsburg
AAP Lehrerwelt GmbH
Alle Rechte vorbehalten.

Das Werk als Ganzes sowie in seinen Teilen unterliegt dem deutschen Urheberrecht. Der*die Erwerber*in der Einzellizenz ist berechtigt, das Werk als Ganzes oder in seinen Teilen für den eigenen Gebrauch und den Einsatz im eigenen Präsenz- oder Distanzunterricht zu nutzen.
Produkte, die aufgrund ihres Bestimmungszweckes zur Vervielfältigung und Weitergabe zu Unterrichtszwecken gedacht sind (insbesondere Kopiervorlagen und Arbeitsblätter), dürfen zu Unterrichtszwecken vervielfältigt und weitergegeben werden. Die Nutzung ist nur für den genannten Zweck gestattet, nicht jedoch für einen schulweiten Einsatz und Gebrauch, für die Weiterleitung an Dritte einschließlich weiterer Lehrkräfte, für die Veröffentlichung im Internet oder in (Schul-)Intranets oder einen weiteren kommerziellen Gebrauch.
Mit dem Kauf einer Schullizenz ist die Schule berechtigt, die Inhalte durch alle Lehrkräfte des Kollegiums der erwerbenden Schule sowie durch die Schüler*innen der Schule und deren Eltern zu nutzen.
Nicht erlaubt ist die Weiterleitung der Inhalte an Lehrkräfte, Schüler*innen, Eltern, andere Personen, soziale Netzwerke, Downloaddienste oder Ähnliches außerhalb der eigenen Schule.
Eine über den genannten Zweck hinausgehende Nutzung bedarf in jedem Fall der vorherigen schriftlichen Zustimmung des Verlags.

Sind Internetadressen in diesem Werk angegeben, wurden diese vom Verlag sorgfältig geprüft. Da wir auf die externen Seiten weder inhaltliche noch gestalterische Einflussmöglichkeiten haben, können wir nicht garantieren, dass die Inhalte zu einem späteren Zeitpunkt noch dieselben sind wie zum Zeitpunkt der Drucklegung. Der Auer Verlag übernimmt deshalb keine Gewähr für die Aktualität und den Inhalt dieser Internetseiten oder solcher, die mit ihnen verlinkt sind, und schließt jegliche Haftung aus.

Autor*innen: Frank Troue
Covergestaltung: annette forsch konzeption und design, Berlin
Illustrationen: Steffen Jähde, Hendrik Kranenberg, Stefan Lohr, Carla Miller, Sandra Schüler, Thorsten Trantow
Satz: Typographie & Computer, Krefeld
Druck und Bindung: Korrekt Nyomdaipari Kft.
ISBN 978-3-403-08891-2

www.auer-verlag.de

Inhaltsverzeichnis

Vorwort 5

Kompetenzorientierter Unterricht heute 6
Merkmale eines kompetenzorientierten Unterrichts 6
Kompetenzen in den (Kern-)Lehrplänen 6
Muss denn immer und alles bewertet werden? – Lern- und Leistungssituationen im Unterricht 7
Prozessbezogene Kompetenzen – Operatoren zur Aufgabenformulierung 8
Blanko-Schema: Zuordnung von Methoden zu Kompetenzen innerhalb einer Unterrichtsreihe 9

Kompetenzorientierte Leistungsmessung und -bewertung 10
Gesamtübersicht aller Wege und der von ihnen angebahnten Kompetenzen ... 10

Erklärung der verwendeten Icons und Abkürzungen 13

Mündliche Beiträge 14
Unterrichtsgespräch 14
Vier-Ecken-Diskussion 15
(Kurz-)Referate 16
Expertenbefragung 17
Kugellager 18
Fliegender Wechsel 19
Rollenspiel 20
Pro-und-Kontra-Debatte 21
Talkshow 22
Quiz-Beteiligung 23

Schriftliche Beiträge 24
Elfchen 24
Schaubildauswertung 25
(Internet-)Recherche 26
Lernplakat 27
Flyer 28
Perspektivenwechsel 29
Zeitungsartikel 30
Szenario 31
Zukunftswerkstatt 32
Buddy-Book 33
Meinungsumfrage 34
Kurznachricht 35
Mystery 36
Experimentieren 37
Trailer 38

Inhaltsverzeichnis

Quizfragen und -antworten zum Thema erstellen	39
Handbuch „10 Tipps für ..."	40
Placemat	41
Cluster	42
Buchstabensalat	43
Exkursion	44

Künstlerisch-kreative Inszenierungen ... 45
- Filmische Dokumentation ... 45
- Fotocollage ... 46
- Fotostory ... 47
- Standbild ... 48
- Der heiße Stuhl ... 49
- Rap ... 50
- Radio-Feature ... 51
- Powerpoint-Präsentation ... 52
- Szenisches Spiel ... 53
- Pantomime ... 54

Dokumentation längerfristiger Lern- und Arbeitsprozesse ... 55
- Portfolio ... 55
- Lerntagebuch ... 56
- Jahresarbeit ... 57

Schriftliche/mündliche Überprüfungen ... 58
- Traumpaar ... 58
- Questions ... 59
- Fehlertext ... 60
- 5-Fragen-Quiz ... 61
- Moderationskarten ... 62
- Fragen-Fußball ... 63

Vorwort

Kommt Ihnen das bekannt vor? – „Das Unterrichten macht so viel Spaß. Allerdings hört der Spaß auf, wenn die Noten ins Spiel kommen. Ich sehe mich schon wieder in endlosen Diskussionen mit Schüler*innen und Eltern, weil sie meine Benotung nicht nachvollziehen können. Schriftliche Notenergebnisse durch Klassenarbeiten sind ziemlich eindeutig. Aber wenn es um die ‚sonstige Mitarbeit' geht, dann wird das Eis dünn."

Das vorliegende Werk zeigt eindeutige und leicht umsetzbare Wege, wie Leistungen von Schüler*innen erhoben und bewertet werden können. So können Sie jede berechtigte Nachfrage der Schüler*innen und Eltern nach dem Notenstand mit klaren und nachvollziehbaren Kriterien beantworten.

Außerdem wirken sich die vielfältigen Methoden positiv auf Ihren Unterricht aus. Gönnen Sie Ihren Schüler*innen die Freude, auf vielfältigen Wegen ihre Kompetenzen aufzubauen und dafür auch noch nachvollziehbar bewertet zu werden.

Im ersten Teil dieser Handreichung werden Anliegen des kompetenzorientierten Unterrichtens kurz und prägnant dargestellt.

Der zweite Teil dieser Handreichung zeigt, wie man Kompetenzen schulen und deren Performanzen messen und bewerten kann.

Wie bei jeder Bewertung sind Schüler*innen dankbar, wenn sie im Vorfeld die Kriterien kennen, die zu ihrer Benotung führen. Insofern sollte die Lehrkraft ihren Schüler*innen die Benotungskriterien, wie sie in den Bewertungstabellen stehen, bekanntgeben.

Zu guter Letzt sei allen denkenden, planenden, kritisierenden und helfenden Köpfen und Händen des Auer Verlags, die zur Genese dieser Handreichung beigetragen haben, herzlichst gedankt. Stets habe ich mich professionell begleitet gefühlt – ein gutes Gefühl – danke!

Frank Troue

Kompetenzorientierter Unterricht heute

Merkmale eines kompetenzorientierten Unterrichts

Kompetenzorientierter Unterricht gelingt dann,

- wenn sich die Lehrkraft im Sinne des konstruktivistischen Ansatzes als Lehrperson bewusst zurücknimmt und den Schüler*innen die Gelegenheit gibt, Konstrukteur*innen ihrer eigenen Lernprozesse sein zu können.

- wenn die Lehrkraft die Lernausgangslage berücksichtigt, indem sie unterschiedliche Lernstände, Vorwissen, Erfahrungen, Interessen und Fähigkeitsniveaus der Schüler*innen in den Blick nimmt und darauf aufbauend ihren Unterricht konzipiert.

- wenn die Lehrkraft Lernarrangements gestaltet, in denen Schüler*innen vielfältige Anregungen und Impulse für eigene Lernentscheidungen und eigene Lernwege, die ein selbsttätiges und eigenverantwortliches Lernen ermöglichen, finden.

- wenn alle Themenbereiche einen problemorientierten Lebenswelt- und Anwendungsbezug zum Alltag der Schüler*innen aufweisen.

- wenn den Schüler*innen die Möglichkeit geboten wird, sich durch eigenständiges und eigenverantwortliches Lernen in kooperativen, möglichst ganzheitlichen Lernformen mit der Unterrichtsthematik auseinanderzusetzen.

- wenn die Schüler*innen verantwortliche Akteur*innen ihres eigenen Lernens sein können, denn Bildung ist immer Selbstbildung; Lernen ist immer ein aktiver Prozess, der von Lernwilligkeit ausgeht, sodass der*die Schüler*in kein passiver „Lehrling", sondern ein aktiver „Lernling" ist.[1]

- wenn durch kumulatives Lernen Inhalte und Prozesse aufeinander aufbauen, systematisch vernetzt und immer wieder angewandt und aktiviert werden.

- wenn die Möglichkeit besteht, den eigenen Lernzuwachs und die angewandten Lernstrategien zu reflektieren.

- wenn der Unterricht von einer Lehrer*innenpersönlichkeit geleitet wird, die fachlich kompetent, engagiert und glaubwürdig auftritt.

Unter diesen Voraussetzungen kann im Unterricht ein langfristig angelegter Kompetenzaufbau angebahnt werden.

Kompetenzen in den (Kern-)Lehrplänen

Die in den (Kern-)Lehrplänen der verschiedenen Bundesländer formulierten Kompetenzen sind nicht einheitlich. Dennoch ist eine Schnittmenge erkennbar in den folgenden Bereichen:

- Sach- und Fachkompetenz (SK)
- Wahrnehmungskompetenz oder Darstellungsfähigkeit (WK)
- Deutungs- und Hermeneutikkompetenz (DK)
- Kommunikations- oder Dialogkompetenz (KK)
- Urteilskompetenz oder Urteilsfähigkeit (UK)
- Partizipations- oder Handlungskompetenz (PK)

---

1 Michalke-Leicht, Wolfgang: Kompetenzorientiert unterrichten, München 2011, S. 12.

Kompetenzorientierter Unterricht heute

Insofern wollen die im weiteren Verlauf dieser Handreichung aufgeführten Arbeitsweisen und Methoden der Leistungserhebung eben diese Kompetenzen anbahnen.

Muss denn immer und alles bewertet werden? – Lern- und Leistungssituationen im Unterricht

Zu jedem Lernprozess gehören bewertungsfreie Lernsituationen und bewertende Leistungssituationen, die für die Lernenden zuvor als solche erkennbar sein sollen.

Bewertungsfreie Lernsituationen wollen die Lernenden ermuntern, im Lernprozess mutig zu experimentieren, eigenständig Lösungswege zu suchen, Umwege und manchmal Irrwege auf dem Lernweg zu gehen, Fehler zu machen und aus diesen zu lernen und immer wieder den Lernfortschritt zu evaluieren, um gemeinsam mit den Lehrkräften den weiteren Lernprozess zu planen. Gerade diese aktiven bewertungsfreien Phasen tragen langfristig zum Kompetenzerwerb bei.

Im Gegensatz dazu stehen die bewertenden Leistungssituationen. Hier werden nach klaren, für die Lernenden nachvollziehbaren Kriterien Leistungen und Lernergebnisse gefordert, die die Lernenden zuvor in der bewertungsfreien Lernsituation erworben haben. So kann z. B. ein Lernergebnis in Form eines Lernplakats dargestellt, präsentiert und kriteriengeleitet bewertet werden. Letztlich geht es immer wieder um überprüfbare Qualifikationen des Wissens, Argumentierens und gestalterischen Handelns. Die Beurteilungskriterien müssen für die Lernenden im Vorfeld transparent sein, damit sie in der Lage sind, ihre Leistungsergebnisse selbst einschätzen zu können.

Kompetenzorientierter Unterricht heute

Prozessbezogene Kompetenzen – Operatoren zur Aufgabenformulierung

Operatoren benennen Tätigkeiten, die zur Entwicklung der jeweiligen prozessbezogenen Kompetenz gehören. Sie können durch weitere Operatoren ergänzt werden, die diese Bedingung erfüllen.

SK	WK	DK	KK	UK	PK
Die Schüler*innen **beschreiben und erklären**	Die Schüler*innen **nehmen wahr und beschreiben**	Die Schüler*innen **verstehen und deuten**	Die Schüler*innen **verständigen sich** über fachbezogene Anliegen	Die Schüler*innen **urteilen** begründet	Die Schüler*innen **nehmen teil und handeln**
– anwenden – aufzählen – aufzeigen – auseinandersetzen – benennen – beobachten – beschreiben – bewegen – darlegen – darstellen – einordnen – eintragen – erfassen – erklären – erläutern – hören – identifizieren – kennen – kennzeichnen – nennen – protokollieren – riechen – schmecken – sehen – verfügen über – vergleichen – verstehen – wahrnehmen – wiedergeben – zuordnen	– aufdecken – aufmerksam sein – beobachten – beschreiben – bestimmen – betrachten – einordnen – erfahren – erkennen – erleben – erstellen – fühlen – gestalten – gliedern – grafisch darstellen – identifizieren – Karten erstellen – Kartierung durchführen – konstruieren – lokalisieren – spüren – staunen – tasten – verordnen – zeichnen – zeigen – zuordnen	– ableiten – abwägen – aktualisieren – analysieren – anwenden – auslegen – auswerten – benennen – deuten – einsehen – erfinden – entdecken – entwickeln – erkennen – erklären – erschließen – feststellen – interpretieren – imaginieren – klären – meditieren – ordnen – reflektieren – sensibel sein – setzen – strukturieren – überlegen – übertragen – unterscheiden – untersuchen – verdeutlichen – vergleichen – verstehen – wissen – zentrieren	– argumentieren – aufeinander eingehen – aufzeigen – ausdrücken – ausreden lassen – austauschen – auseinandersetzen – befragen – begegnen – benennen – Beziehung finden – differenzieren – diskutieren – einfühlen – Standpunkt entwickeln – erläutern – erörtern – erzählen – formulieren – fragen – gestalten – Konflikte lösen – kritisieren – Meinung vertreten – mitteilen – Perspektivenwechsel – präsentieren – prüfen – schweigen – sich äußern – sich austauschen – weitergeben – zeigen – zuhören	– ableiten – abwägen – auseinandersetzen – begründen – behaupten – bereit sein – beurteilen – bewerten – differenzieren – entscheiden – Standpunkt entwickeln – Lösungen erarbeiten – gegenüberstellen – gestalten – interpretieren – Haltung einnehmen – Haltungen entwickeln – Lösungen erarbeiten – kritisieren – sich kritisch in Beziehung setzen – sich positionieren – Stellung nehmen – prüfen – reflektieren – unterscheiden – vergleichen – verneinen – widerlegen	– abstimmen – Anteil nehmen – durchsetzen – engagieren – einwirken – Entscheidungen annehmen – Entscheidungen begründen – Entscheidungen finden – mit anderen Augen sehen – mittragen – mitwirken – Perspektiven einnehmen – respektieren – sich abgrenzen – verantworten – Vertrauen gewinnen

Kompetenzorientierter Unterricht heute

Blanko-Schema: Zuordnung von Methoden zu Kompetenzen innerhalb einer Unterrichtsreihe

Tragen Sie in die linke Spalte dieses Schemas das Thema Ihrer geplanten Unterrichtsreihe mit kompetenzanbahnenden und überprüfbaren Methoden ein.

In die rechten Spalten tragen Sie die in Ihrem Bundesland geforderten Kompetenzen ein.

Unterrichtsreihe	Kompetenzen					
Thema: _____						

Kompetenzorientierte Leistungsmessung und -bewertung

Gesamtübersicht aller Wege und der von ihnen angebahnten Kompetenzen

Wege zur kompetenzorientierten Leistungsmessung und -bewertung	SK	WK	DK	KK	UK	PK
Mündliche Beiträge						
Unterrichtsgespräch	✓	✓	✓	✓	✓	
Vier-Ecken-Diskussion	✓	✓	✓	✓	✓	✓
(Kurz-)Referate	✓			✓	✓	
Expertenbefragung	✓		✓	✓	✓	
Kugellager	✓	✓		✓	✓	
Fliegender Wechsel	✓	✓	✓	✓	✓	✓
Rollenspiel	✓			✓	✓	✓
Pro-und-Kontra-Debatte	✓	✓	✓	✓	✓	✓
Talkshow	✓	✓	✓	✓	✓	✓
Quiz-Beteiligung	✓			✓		
Schriftliche Beiträge						
Elfchen	✓	✓	✓		✓	
Schaubildauswertung	✓	✓	✓		✓	
(Internet-)Recherche	✓	✓	✓	✓	✓	
Lernplakat	✓	✓	✓	✓		
Flyer	✓	✓	✓		✓	✓
Perspektivenwechsel	✓	✓		✓	✓	✓
Zeitungsartikel	✓	✓	✓	✓	✓	✓
Szenario	✓		✓	✓	✓	✓
Zukunftswerkstatt	✓		✓		✓	✓

Kompetenzorientierte Leistungsmessung und -bewertung

Wege zur kompetenzorientierten Leistungsmessung und -bewertung	SK	WK	DK	KK	UK	PK
Buddy-Book	✓	✓	✓	✓	✓	✓
Meinungsumfrage	✓		✓	✓	✓	✓
Kurznachricht	✓	✓		✓	✓	✓
Mystery	✓		✓	✓	✓	✓
Experimentieren	✓		✓	✓	✓	✓
Trailer	✓	✓	✓	✓		✓
Quizfragen und -antworten zum Thema erstellen	✓					
Handbuch „10 Tipps für …"	✓		✓		✓	
Placemat	✓			✓	✓	✓
Cluster	✓	✓	✓	✓		
Buchstabensalat	✓			✓	✓	
Exkursion	✓		✓	✓		✓
Künstlerisch-kreative Inszenierungen						
Filmische Dokumentation	✓	✓	✓		✓	✓
Fotocollage	✓	✓	✓	✓	✓	✓
Fotostory	✓	✓	✓	✓	✓	✓
Standbild	✓	✓				
Der heiße Stuhl	✓	✓	✓	✓	✓	✓
Rap	✓	✓	✓			
Radio-Feature	✓	✓	✓	✓	✓	✓
Powerpoint-Präsentation	✓	✓	✓	✓		✓
Szenisches Spiel	✓	✓		✓	✓	✓
Pantomime	✓	✓	✓			

Kompetenzorientierte Leistungsmessung und -bewertung

Wege zur kompetenzorientierten Leistungsmessung und -bewertung	SK	WK	DK	KK	UK	PK
Dokumentation längerfristiger Lern- und Arbeitsprozesse						
Portfolio	✓	✓	✓	✓	✓	✓
Lerntagebuch	✓	✓	✓	✓	✓	✓
Jahresarbeit	✓	✓	✓	✓	✓	✓
Schriftliche/mündliche Überprüfungen						
Traumpaar	✓	✓	✓	✓	✓	
Questions	✓					
Fehlertext	✓		✓		✓	
5-Fragen-Quiz	✓					
Moderationskarten	✓					
Fragen-Fußball	✓	✓		✓		

Erklärung der verwendeten Icons und Abkürzungen

Im Folgenden werden kompetenzanbahnende Methoden und Arbeitsweisen sowie darauf abgestimmte Möglichkeiten zur kompetenzorientierten Leistungsmessung und -bewertung dargestellt.

Diese sind jeweils folgendermaßen aufgebaut:

- Name der Methode/Arbeitsweise und angebahnte Kompetenzen
- Kurzbeschreibung der Methode
- Ziel
- Sozialform(en)
- Benötigte Materialien/Vorbereitung
- Kriterien zur Leistungsfeststellung und -bewertung
- Matrix zur Leistungsfeststellung und -bewertung

> **Jede Matrix finden Sie zusätzlich editierbar im digitalen Zusatzmaterial. So können Sie jede Matrix nach Ihren Wünschen anpassen.**

Zur Vereinfachung der Lesbarkeit wurden folgende Abkürzungen benutzt:

- SK → Sach- und Fachkompetenz
- WK → Wahrnehmungskompetenz oder Darstellungsfähigkeit
- DK → Deutungs- und Hermeneutikkompetenz
- KK → Kommunikations- oder Dialogkompetenz
- UK → Urteilskompetenz oder Urteilsfähigkeit
- PK → Partizipations- oder Handlungskompetenz
- EA → Einzelarbeit
- PA → Partnerarbeit
- GA → Gruppenarbeit
- PL → Plenum
- L → Lehrkraft
- S → Schüler*in/Schüler*innen

Unterrichtsgespräch

 Die S erörtern im PL mündlich ein Thema, Problem, Anliegen, reagieren auf eine bewusste Provokation, vergleichen Pro- und Kontra-Argumente, beziehen Stellung etc.

 eine Thematik mündlich erörtern

 PL

 kein Material benötigt

- ziel- und problemlösungsorientierte Wortbeiträge
- ziel- und problemlösungsorientierte Fragen
- Einordnung des Problems/der Thematik in größere Zusammenhänge (Transfer)
- freiwillige, regelmäßige Beteiligung

Matrix zur Leistungsfeststellung und -bewertung: Unterrichtsgespräch

Kriterien	Die Wortbeiträge ...			
	sind ziel- und problemlösungs-orientiert.	liefern ziel- und problemlösungs-orientierte Fragen.	stellen das Thema sinnvoll in größere Zusammenhänge.	erfolgen freiwillig und regelmäßig.
Teilnote				
x Gewichtung	3	2	2	1
Zwischenwert				

$$: 8 =$$

Summe aller Zwischenwerte : 8 = Gesamtnote

Vier-Ecken-Diskussion

 Im Anschluss an die Beschäftigung mit einer Thematik oder einem Text stellt jede Ecke des Klassenzimmers eine Aussage oder Frage dar, der sich die S zuordnen. Nun findet in den Ecken ein Informationsaustausch bzw. das Sammeln von Argumenten für die von der jeweiligen Gruppe vertretenen Sichtweise statt. Es folgt eine Diskussion von Vertreter*innen der vier Ecken, die von einem*einer S in der Mitte des Klassenzimmers moderiert werden kann.

 Austausch von Argumenten; Diskussion; Informations-, Meinungs- und Wissensaustausch; Perspektivenwechsel

 GA, PL

 kein Material benötigt

- Gesprächsbeiträge sind:
  - zielführend
  - sinnvoll
  - lösungsorientiert
  - provozierend
  - zuverlässig

Matrix zur Leistungsfeststellung und -bewertung: Vier-Ecken-Diskussion

Die Schüler*innen beteiligen sich ... am Gespräch.	zielführend	sinnvoll	lösungsorientiert	provozierend	zuverlässig
Teilnote					
x Gewichtung	3	2	2	1	2
Zwischenwert					

$$: 10 =$$

Summe aller Zwischenwerte : 10 = Gesamtnote

(Kurz-)Referate

SK	WK	DK	KK	UK	PK
✓			✓	✓	

 Die S fertigen zu einem von der L klar umrissenen Thema oder Themenaspekt ein schriftliches (Kurz-)Referat an, das den Mitschüler*innen präsentiert wird.

 Informations-, Meinungs- und Wissensaustausch

 überwiegend EA, bei umfangreicheren Themen können einzelne Unterthemen in PA oder in GA bearbeitet werden

 Informationsmaterial (von L bereitgestellt oder von S recherchiert)

- ▶ **Inhalt:** sachlich korrekt, zeigt Tiefgang und verweist auf größere Zusammenhänge, anschaulich und verständlich aufbereitet, angemessener Gesamtumfang
- ▶ **Präsentation:** eloquent, flüssig, sicher und souverän; lebendig und kurzweilig; passender Medieneinsatz (Bilder, Fotos, Karikaturen, Realgegenstände, Augenzeugenberichte, Ton- und Filmdokumente etc.); Nachfragen der Mitschüler*innen können beantwortet werden

---

Matrix zur Leistungsfeststellung und -bewertung: (Kurz-)Referate

Inhalt	sachlich korrekt	inhaltliches Niveau	anschaulich und verständlich	Gesamtumfang
Teilnote				
x Gewichtung	3	2	2	1
Zwischenwert				

Präsentation	eloquent, flüssig, sicher und souverän	lebendig und kurzweilig	Medieneinsatz	sicher in der Beantwortung von Nachfragen
Teilnote				
x Gewichtung	2	3	3	3
Zwischenwert				

$$: 19 =$$

Summe aller Zwischenwerte : 19 = Gesamtnote

Expertenbefragung

 Die S entwerfen Fragen zu einer bestimmten Thematik und interviewen eine*n geeignete*n Expert*in, der*die in den Unterricht eingeladen wird.

 zielgerichtetes Formulieren von Fragen und Ermitteln von Informationen

 EA, PA, anschließend PL

 ggf. Arbeitsmaterial der Vorstunden, Hintergrundinformationen

- ▶ Finden wesentlicher inhaltlicher Aspekte
- ▶ Formulierung treffsicherer Fragen
- ▶ Gesprächsführung, Eingehen auf den*die Gesprächspartner*in (aktives Zuhören, Mitdenken, ggf. Anschlussfragen, Einhalten der Planung bei notwendiger Flexibilität)
- ▶ sprachliche Gestaltung (Eloquenz, Eindeutigkeit, Gewandtheit im Ausdruck)

Matrix zur Leistungsfeststellung und -bewertung: Expertenbefragung

Kriterien	wesentliche inhaltliche Aspekte	Fragen-formulierung	Gesprächsführung	sprachliche Gestaltung
Teilnote				
x Gewichtung	2	1	2	1
Zwischenwert				

$$: 6 =$$

Summe aller Zwischenwerte : 6 = Gesamtnote

Kugellager

 Diese Methode ist auch bekannt unter den Bezeichnungen Karussellgespräch, Lernkarussell, Rundgespräch und Speeddating. Die S bilden zwei Sitzkreise (einen Innen- und einen Außenkreis), sodass sich jeweils zwei S gegenübersitzen. Diese Paare unterhalten sich über ein spezielles Thema. Nach einer bestimmten Zeit wechseln die S des Außenkreises um einen Platz nach rechts, sodass sich neue Paare ergeben, die sich zum Thema unterhalten. Es wird so lange gewechselt, bis die S wieder an ihrem Ausgangspunkt angekommen sind.

 Informations-, Meinungs- und Wissensaustausch

 PL

 ggf. Informationsmaterial zum Thema

- **Mitarbeit im Kugellager (nur oberflächlich und grob möglich):** aktive Beteiligung, regelmäßige Anregung des Gesprächs
- **Mitarbeit/Präsentation der Ergebnisse des Kugellagers im PL:** neue Ideen und Impulse, Niveau der Beiträge

---

Matrix zur Leistungsfeststellung und -bewertung: Kugellager

Kugellager	Der*die Schüler*in beteiligt sich aktiv.	Der*die Schüler*in regt das Gespräch immer wieder an.
Teilnote		
x Gewichtung	2	1
Zwischenwert		

Mitarbeit/ Präsentation	Der*die Schüler*in präsentiert neue Ideen und Impulse.	Das Niveau der Beiträge ist angemessen.
Teilnote		
x Gewichtung	1	2
Zwischenwert		

$$: 6 =$$

Summe aller Zwischenwerte : 6 = Gesamtnote

Fliegender Wechsel

 Die Klasse teilt sich in zwei Gruppen im Verhältnis 2:1 auf. Die kleinere Gruppe versammelt sich im Sitzkreis vor den restlichen S. Dieses Drittel der Klasse bildet eine Diskussionsrunde zu einem bestimmten Thema. Wenn eine*r aus dieser Runde nicht mehr am Gespräch teilnehmen möchte, steht er*sie auf und setzt sich zu den verbleibenden S. Aus dieser Gruppe kann nun jemand den freigewordenen Platz einnehmen und mitdiskutieren etc.

 Diskussion; Informations-, Meinungs- und Wissensaustausch

 PL bzw. GA

 ggf. Informationsmaterial zum Thema

- ▶ Gesprächsbeiträge sind:
  - ▷ zielführend
  - ▷ sinnvoll
  - ▷ lösungsorientiert
  - ▷ provozierend
- ▶ zuverlässige Beteiligung an der Gesprächsrunde

Matrix zur Leistungsfeststellung und -bewertung: Fliegender Wechsel

Kriterien	Der*die Schüler*in beteiligt sich ... am Gespräch.				
	zielführend	sinnvoll	lösungsorientiert	provozierend	zuverlässig
Teilnote					
x Gewichtung	3	2	2	1	2
Zwischenwert					

$$: 10 =$$

Summe aller Zwischenwerte : 10 = Gesamtnote

Rollenspiel

 Die S bereiten sich zu einem Thema (z. B. Bau einer neuen Liftanlage im Ferienort) mithilfe von Rollenkarten (z. B. Skiliftbetreiber*in, Hotelier*in, Bürgermeister*in, Landwirt*in, Anwohner*in, Umweltschützer*in) auf das Rollenspiel vor. In der Diskussion versuchen sie, ihre Position glaubwürdig zu vertreten.

 Austausch von Argumenten; Diskussion; Informations-, Meinungs- und Wissensaustausch; Perspektivenwechsel

 GA und PL

 vorbereitete Rollenkarten

- Gesprächsbeiträge sind:
  - zielführend
  - sinnvoll
  - lösungsorientiert
  - provozierend
- zuverlässige Beteiligung an der Gesprächsrunde

Matrix zur Leistungsfeststellung und -bewertung: Rollenspiel

Kriterien	Der*die Schüler*in beteiligt sich ... am Gespräch.				
	zielführend	sinnvoll	lösungs-orientiert	provozierend	zuverlässig
Teilnote					
x Gewichtung	3	2	2	1	2
Zwischenwert					

: 10 =

Summe aller Zwischenwerte : 10 = Gesamtnote

Pro-und-Kontra-Debatte

 Die gesamte Klasse wird in zwei Gruppen aufgeteilt. Eine Gruppe vertritt Pro-Argumente zu einem bestimmten Thema, die andere Gruppe Kontra-Argumente. Beide Gruppen sitzen sich gegenüber und tragen eine Debatte aus ihrer jeweiligen Sicht aus.

 Austausch von Argumenten; Diskussion; Informations-, Meinungs- und Wissensaustausch

 PL

 kein Material benötigt

- Gesprächsbeiträge sind:
  - zielführend
  - sinnvoll
  - lösungsorientiert
  - provozierend
- zuverlässige Beteiligung an der Debatte

Matrix zur Leistungsfeststellung und -bewertung: Pro-und-Kontra-Debatte

Kriterien	Der*die Schüler*in beteiligt sich ... an der Debatte.				
	zielführend	sinnvoll	lösungs-orientiert	provozierend	zuverlässig
Teilnote					
x Gewichtung	3	2	2	1	2
Zwischenwert					

$$: 10 =$$

Summe aller Zwischenwerte : 10 = Gesamtnote

Talkshow

 Zu einer Thematik werden Beteiligte oder Personen aus einem Text zu einer Talkshow eingeladen. Die Protagonist*innen führen untereinander ein Streitgespräch. Ggf. dürfen sich die restlichen S, die die Zuschauenden der Talkshow darstellen, am Gespräch beteiligen, indem sie die Protagonist*innen befragen.

 Austausch von Argumenten; Diskussion; Informations-, Meinungs- und Wissensaustausch; Perspektivenwechsel

 PL

 kein Material benötigt

- Gesprächsbeiträge sind:
  - zielführend
  - sinnvoll
  - lösungsorientiert
  - provozierend
- zuverlässige Beteiligung an der Talkshow

Matrix zur Leistungsfeststellung und -bewertung: Talkshow

Kriterien	Der*die Schüler*in beteiligt sich ... an der Talkshow.				
	zielführend	sinnvoll	lösungsorientiert	provozierend	zuverlässig
Teilnote					
x Gewichtung	3	2	2	1	2
Zwischenwert					

$$: 10 =$$

Summe aller Zwischenwerte : 10 = Gesamtnote

Quiz-Beteiligung

SK	WK	DK	KK	UK	PK
✓			✓		

 Die Klasse wird in zwei Gruppen aufgeteilt und führt ein Frage-und-Antwort-Quiz durch. Dabei können von den S selbst erstellte Quizfragen zu einer bestimmten Unterrichtssequenz zum Einsatz kommen.

 spielerisches Lernen, Wiederholen, Sichern

 PL

 selbsterstellte oder vorgefertigte Quizfragen

- ▶ Häufigkeit der Beteiligung am Quiz
- ▶ Korrektheit der Antworten

Matrix zur Leistungsfeststellung und -bewertung: Quiz-Beteiligung

Kriterien	Der*die Schüler*in ...	
	beteiligt sich häufig am Quiz.	beantwortet die Fragen richtig.
Teilnote		
x Gewichtung	1	3
Zwischenwert		

$$: 4 =$$

Summe aller Zwischenwerte : 4 = Gesamtnote

23

Elfchen

 Die S verfassen zu einem bestimmten Thema oder Text ein Gedicht, das sich aus genau elf Wörtern, die über exakt fünf Verse verteilt werden müssen, zusammensetzt. Wie viele Wörter pro Vers Verwendung finden, kann entweder im PL festgelegt oder jedem*jeder S selbst überlassen werden.

 ein Thema kreativ wiederholen, zu einer Fragestellung neue Aspekte aufwerfen

 EA, PA oder GA

 kein Material benötigt

- ▶ Einhaltung der korrekten Struktur
- ▶ Bezug zum Thema ist vorhanden
- ▶ kreative Formulierungen
- ▶ originelle Ideen

Matrix zur Leistungsfeststellung und -bewertung: Elfchen

Kriterien	Struktur	Themenbezug	Kreativität	Originalität
Teilnote				
x Gewichtung	1	2	2	1
Zwischenwert				

:6 =

Summe aller Zwischenwerte : 6 = Gesamtnote

Schaubildauswertung

 Die S werten ein Schaubild (Statistik, Karikatur) aus und beachten dabei den Dreischritt von 1. Beschreiben, 2. Benennen von Besonderheiten innerhalb des Schaubilds, 3. Bedeutung von außerhalb (Interpretation vor dem Hintergrund weiteren Wissens).

 Einübung wissenschaftlicher Vorgehensweise, Verständnis einer Thematik

 EA, evtl. PA

 kein Material benötigt

- ▶ sachlich korrekte Anfertigung
- ▶ fehlerfrei und sauber in der Darstellung
- ▶ Einhaltung des Dreischritts
- ▶ Ausführlichkeit und Genauigkeit der Aufgabenlösungen

Matrix zur Leistungsfeststellung und -bewertung: Schaubildauswertung

Kriterien	sachlich korrekt	fehlerfrei und sauber	Dreischritt eingehalten	ausführlich und genau
Teilnote				
x Gewichtung	3	1	2	2
Zwischenwert				

$$: 8 =$$

Summe aller Zwischenwerte : 8 = Gesamtnote

(Internet-)Recherche

 Die S recherchieren zu einem klar umrissenen Thema Informationen und Sachwissen. Grundlage der Recherche können literarische Dokumente/Materialien/Quellen sein, die die L zur Verfügung stellt oder die die S selbst beschaffen. Denkbar ist auch eine Internetrecherche anhand von der L vorgegebener Internetadressen oder eine freie Recherche durch die S.

 selbstständige Aneignung von Sachkompetenz

 EA, PA oder GA

 Dokumente/Materialien/Quellen, Internetzugang, ggf. Internetadressen

- ▶ Finden themenrelevanter Fakten
- ▶ zielsichere Auswahl der recherchierten Fakten (Umfang)
- ▶ Problemlösung
- ▶ Einordnung des Problems/Themas in größere Zusammenhänge

Matrix zur Leistungsfeststellung und -bewertung: (Internet-)Recherche

Kriterien	Finden relevanter Fakten	zielsichere Auswahl	Problemlösung	Einordnung in Zusammenhänge
Teilnote				
x Gewichtung	2	3	2	1
Zwischenwert				

Summe aller Zwischenwerte : 8 = Gesamtnote

Lernplakat

 Ein Lernplakat informiert über eine Thematik. Dazu werden Gestaltungsmittel (Textblöcke, Überschrift, Bilder, Karikaturen, Fotos etc.) verdeutlichend genutzt und angeordnet.

 über ein Thema informieren

 EA, PA oder GA

 Plakatkarton; Plakatstifte in verschiedenen Farben; Bilder, Fotos, Karikaturen etc. als „Eye-catcher"; Papier (ggf. farbig) für Textblöcke

- ▶ **Schrift:** Lesbarkeit, Nutzung verschiedener Schrifttypen, Beschränkung auf maximal drei Farben, Rechtschreibung und Grammatik
- ▶ **Textinhalt:** Sachgehalt, Konzentration auf das Wesentliche, Verständlichkeit, Verwendung von Fachbegriffen
- ▶ **Gestaltung:** Plakat als Blickfang, Anordnung der Textblöcke in „Textinseln", Hervorhebung von wichtigen Aspekten, Verwendung von veranschaulichenden Pfeilen und Symbolen

Matrix zur Leistungsfeststellung und -bewertung: Lernplakat

Schrift	Lesbarkeit	versch. Schrifttypen	max. drei Farben	Überschrift	Rechtschreibung	Grammatik
Teilnote						
x Gewichtung	3	1	1	1	1	1
Zwischenwert						

Textinhalt	Sachgehalt	Konzentration auf das Wesentliche	Verständlichkeit	Verwendung von Fachbegriffen
Teilnote				
x Gewichtung	4	4	2	1
Zwischenwert				

Gestaltung	Plakat als Blickfang	Textblöcke in „Textinseln"	Wichtiges hervorgehoben	veranschaulichende Pfeile und Symbole
Teilnote				
x Gewichtung	3	2	3	3
Zwischenwert				

: 30 =

Summe aller Zwischenwerte : 30 = Gesamtnote

Flyer

Lerninhalte werden informativ, präzise und knapp auf einem Flyer dargestellt. Dazu wird ein DIN-A4-Blatt so gefaltet, dass drei gleichgroße Spalten entstehen. Diese ergeben auf Vorder- und Rückseite somit sechs Textspalten, die befüllt werden können.

über einen Sachverhalt schriftlich in komprimierter Form informieren

EA, PA oder GA

Informationsmaterial, leere DIN-A4-Blätter, Stifte, ggf. PC zur digitalen Gestaltung

▶ **Textinhalt:** Sachgehalt, Relevanz, Konzentration auf das Wesentliche, Verständlichkeit
▶ **Schrift:** Lesbarkeit; eine Schriftart; Hervorhebungen wie unterschiedliche Schriftgrößen, Fettungen, Kursivschreibungen und Unterstreichungen; Rechtschreibung und Grammatik
▶ **Gestaltung:** passendes Grundlayout (sechs Spalten); einheitliche Seitenränder; Illustration durch Bilder, Fotos, Symbole; farbiger Hintergrund; ordentliche Faltung

---

Matrix zur Leistungsfeststellung und -bewertung: Flyer

Textinhalt	Sachgehalt	Relevanz	Konzentration auf das Wesentliche	Verständlichkeit
Teilnote				
x Gewichtung	4	2	2	2
Zwischenwert				

Schrift	Lesbarkeit	eine Schriftart	Hervorhebungen	Rechtschreibung/ Grammatik
Teilnote				
x Gewichtung	2	1	2	1
Zwischenwert				

Gestaltung	passendes Grundlayout	einheitliche Seitenränder	Illustration	farbiger Hintergrund	ordentliche Faltung
Teilnote					
x Gewichtung	1	1	2	1	1
Zwischenwert					

: 22 =

Summe aller Zwischenwerte : 22 = Gesamtnote

Perspektivenwechsel

 Die S schlüpfen in die Rolle einer anderen Person und betrachten einen Sachverhalt aus deren Perspektive.

 Erweiterung des eigenen Blickwinkels bzgl. eines Sachverhaltes, Erkenntnisgewinn

 EA

 Informationsmaterial zur Person, in deren Rolle geschlüpft werden soll, bzw. Informationsmaterial zum Sachverhalt

- ▶ Perspektivenwechsel
- ▶ Intensität der Rollenannahme
- ▶ lebendige, anschauliche, überzeugende Schilderung der Gedanken, Einsichten und Gefühle aus der neuen Perspektive

---

Matrix zur Leistungsfeststellung und -bewertung: Perspektivenwechsel

Kriterien	Perspektivenwechsel	Intensität der Rollenannahme	Schilderungen aus der neuen Perspektive
Teilnote			
x Gewichtung	1	3	3
Zwischenwert			

$$: 7 =$$

Summe aller Zwischenwerte : 7 = Gesamtnote

Zeitungsartikel

 Die S schreiben einen fiktiven Zeitungsartikel, in dem sie einen Sachverhalt schildern, verschiedene Sichtweisen und Meinungen darstellen, Pro- und Kontra-Argumente benennen sowie mögliche Lösungsvorschläge schildern.

 distanzierte, sachlich-argumentative Betrachtung einer Thematik

 EA, PA oder GA

 Informationsmaterial zum Sachverhalt

- ▶ **Qualität des Artikels:** informative, sachliche und korrekte Schilderung des Sachverhaltes, Darstellung verschiedener Perspektiven und Meinungen, Pro- und Kontra-Argumente, mögliche Lösungsansätze
- ▶ **Quantität des Artikels:** Ausführlichkeit der Darstellung des Sachverhaltes, der Argumente, der Lösungswege

---

Matrix zur Leistungsfeststellung und -bewertung: Zeitungsartikel

Qualität	informativ	sachlich	korrekt	Perspektiven/ Meinungen	Argumente	Lösungsansätze
Teilnote						
x Gewichtung	3	1	2	1	2	1
Zwischenwert						

Quantität	Ausführlichkeit
Teilnote	
x Gewichtung	2
Zwischenwert	

: 12 =

Summe aller Zwischenwerte : 12 = Gesamtnote

Szenario

 Die S erstellen auf Grundlage der bereitgestellten Materialien ein Szenario über die künftige Entwicklung, z.B. über eine geografische Fragestellung (z.B. Bevölkerungsentwicklung in China, Klimawandel, Ressourcenverbrauch in Deutschland etc.). Dabei können unterschiedliche Szenarien entwickelt werden: Ein Best-Case-Szenario geht von der bestmöglichen, ein Worst-Case-Szenario von der schlechtmöglichsten Entwicklung aus. Bei einem Trendszenario wird die aktuelle Entwicklung fortgeschrieben. Die jeweiligen Szenarien werden als Plakat visualisiert.

 problemlösendes und vernetztes Denken, Kreativität

 EA, PA oder GA

 Material zur Szenarioerstellung, Plakat zur Präsentation

- ▶ Schlüssigkeit der Darstellung
- ▶ inhaltliche Umsetzung
- ▶ grafische Umsetzung/Plakatgestaltung

Matrix zur Leistungsfeststellung und -bewertung: Szenario

Kriterien	Darstellung	inhaltliche Umsetzung	grafische Umsetzung
Teilnote			
x Gewichtung	2	3	1
Zwischenwert			

: 6 =

Summe aller Zwischenwerte : 6 = Gesamtnote

Zukunftswerkstatt

 Die S sollen in Gruppen zu einem Thema (z. B. Schutz der Erdatmosphäre, Bevölkerungsentwicklung in den Entwicklungsländern etc.) eine wünschenswerte Zukunftsvision entwickeln. Ein bewusster Bruch mit der Realität ist dabei erwünscht. Die entwickelten Zukunftsbilder sollen anschaulich die Wunschvorstellung der S darstellen.

 vernetztes Denken und Problemlösungskompetenz schulen, soziale und kommunikative Kompetenzen fördern

 GA

 Plakat zur Präsentation

- Schlüssigkeit der Darstellung
- inhaltliche Umsetzung
- grafische Umsetzung/Plakatgestaltung
- effektives und zielführendes Arbeiten in der Gruppe

Matrix zur Leistungsfeststellung und -bewertung: Zukunftswerkstatt

Kriterien	Darstellung	inhaltliche Umsetzung	grafische Umsetzung	Gruppenarbeit
Teilnote				
x Gewichtung	2	3	1	1
Zwischenwert				

$$: 7 =$$

Summe aller Zwischenwerte : 7 = Gesamtnote

Buddy-Book

 Das Buddy-Book ist ein kleines, aus einem DIN-A4-Blatt gefaltetes Büchlein mit acht Seiten, das von den S ohne großen Aufwand selbst hergestellt werden kann. Es kann als individuelles Reflexionsheft, Lernzuwachsheft, Fragenspeicher etc. benutzt werden. Zu Faltanleitungen findet sich eine große Auswahl im Internet.

 individuelle schriftliche Reflexion; Notizen-, Lernzuwachs- oder Fragenspeichersammlung

 EA

 leere DIN-A4-Blätter

- ▶ sinnvoller Aufgabenbezug der Einträge (zur Reflexion, für Lernzuwachs etc.)
- ▶ Übersichtlichkeit
- ▶ Vollständigkeit
- ▶ Leserlichkeit
- ▶ Regelmäßigkeit der Einträge
- ▶ Ausführlichkeit der Einträge

Matrix zur Leistungsfeststellung und -bewertung: Buddy-Book

Im Vorfeld ist zu klären, ob der Inhalt des Buddy-Books auch für die L zugänglich sein soll oder ob es ausschließlich privaten Notizen und Reflexionen dient.
Für den Fall, dass es auch der L zugänglich sein soll, gelten folgende Beurteilungskriterien:

Kriterien	Aufgaben-bezug	Übersicht-lichkeit	Vollstän-digkeit	Leserlich-keit	Regel-mäßigkeit	Ausführ-lichkeit
Teilnote						
x Gewichtung	3	1	1	1	1	2
Zwischenwert						

Summe aller Zwischenwerte : 9 = Gesamtnote

Meinungsumfrage

 Die S konzipieren eine Meinungsumfrage zu einem klar umrissenen Thema, führen sie durch und werten sie abschließend aus.

 ein Meinungsbild zu einem Thema einholen

 PA oder GA

 selbsterstellte Fragebögen

- ▶ Fragen sind:
  - ▷ themenbezogen
  - ▷ aussagestark
  - ▷ zielführend
  - ▷ für den*die Befragte*n verständlich formuliert
  - ▷ vielschichtig (decken ein weites Spektrum des Themas ab)
- ▶ bzgl. des Spektrums des Themas ausreichende Anzahl von Fragen

---

Matrix zur Leistungsfeststellung und -bewertung: Meinungsumfrage

Kriterien	Die Fragen sind ...					ausreichende Anzahl
	themenbezogen	aussagestark	zielführend	verständlich	vielschichtig	
Teilnote						
x Gewichtung	3	2	2	1	1	1
Zwischenwert						

: 10 =

Summe aller Zwischenwerte : 10 = Gesamtnote

Kurznachricht

 Die S schreiben zu einer Thematik eine kurze Zusammenfassung, ähnlich einer Kurznachricht (z. B. bei WhatsApp, Instagram).

 den Inhalt eines Themas oder eines Textes kurz, prägnant und mit einer persönlich-individuellen Note zusammenfassen

 EA

 kein Material benötigt

▶ Kernaussage treffend erfasst und komprimiert
▶ subjektive Schwerpunktsetzung im komprimierten Text deutlich erkennbar
▶ formale Charakteristika einer Kurznachricht (kurz und bündig)

Matrix zur Leistungsfeststellung und -bewertung: Kurznachricht

Kriterien	Kernaussage	subjektive Schwerpunktsetzung	formale Charakteristika
Teilnote			
x Gewichtung	3	2	1
Zwischenwert			

$$: 6 =$$

Summe aller Zwischenwerte : 6 = Gesamtnote

Mystery

 Die S beantworten mithilfe von Textbausteinen, den sogenannten Mysterykärtchen, eine Ausgangsfrage, indem sie die einzelnen Kärtchen in einen sinnvollen Zusammenhang legen. Die Klasse wird dazu in Gruppen mit drei bis fünf S eingeteilt. Diese erhalten jeweils einen Satz Kärtchen, auf denen Schlagworte, Sätze, Diagramme und kurze Textpassagen rund um das Thema vorgegeben sind. Nach der Lesephase sortieren sie die Karten in hilfreiche und weniger hilfreiche Informationen und formulieren Hypothesen. Indem sie die einzelnen Informationskarten miteinander verknüpfen, beantworten sie die Leitfrage. Dabei erstellen sie ein möglichst aussagekräftiges Plakat.

 problemlösendes und vernetztes Denken einüben, Hypothesenbildung

 GA

 Mystery-Kärtchen, Plakat für die Präsentation

▶ Schlüssigkeit der Darstellung
▶ inhaltliche Umsetzung
▶ grafische Umsetzung/Plakatgestaltung
▶ effektives und zielführendes Arbeiten in der Gruppe

Matrix zur Leistungsfeststellung und -bewertung: Mystery

Kriterien	Darstellung	inhaltliche Umsetzung	grafische Umsetzung	Gruppenarbeit
Teilnote				
x Gewichtung	2	3	1	1
Zwischenwert				

$$: 7 =$$

Summe aller Zwischenwerte : 7 = Gesamtnote

Experimentieren

SK	WK	DK	KK	UK	PK
✓		✓	✓	✓	✓

Die S führen ein Experiment durch. Dazu stellen sie eine Hypothese auf und überprüfen diese mit dem Experiment.

eigenverantwortliches Lernen, wissenschaftliches Arbeiten einüben

EA, PA oder GA

je nach Thema unterschiedlich

- ▶ Hypothesenbildung
- ▶ Durchführung des Experiments
- ▶ Auswertung und Dokumentation des Experiments

Schriftliche Beiträge

Matrix zur Leistungsfeststellung und -bewertung: Experimentieren

Kriterien	Hypothesenbildung	Durchführung	Auswertung und Dokumentation
Teilnote			
x Gewichtung	3	3	2
Zwischenwert			

$$: 8 =$$

Summe aller Zwischenwerte : 8 = Gesamtnote

Trailer

SK	WK	DK	KK	UK	PK
✓	✓	✓	✓		✓

Schriftliche Beiträge

ℹ️ Die S erstellen zu einem Buch einen Trailer.

🎯 einen Inhalt fokussiert filmisch darstellen

👥 PA, GA

📝 Kamera/Smartphone, Storyboard

👍
- ▶ aussagekräftige Bild- und Szenengestaltung
- ▶ Lebendigkeit der Texte und der handelnden Personen
- ▶ Gesamtstruktur des filmischen Aufbaus
- ▶ Originalität der Darstellung

Matrix zur Leistungsfeststellung und -bewertung: Trailer

Kriterien	Bild- und Szenengestaltung	Lebendigkeit der Texte	Gesamtstruktur	Originalität
Teilnote				
x Gewichtung	3	2	1	2
Zwischenwert				

: 8 =

Summe aller Zwischenwerte : 8 = Gesamtnote

Quizfragen und -antworten zum Thema erstellen

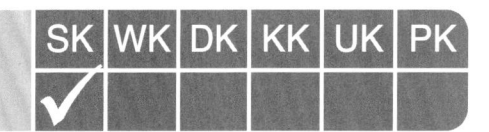

SK	WK	DK	KK	UK	PK
✓					

ℹ Zum Abschluss einer Unterrichtssequenz formulieren die S Quizfragen und -antworten zum Thema. Die Klasse wird in zwei Gruppen aufgeteilt, die gegeneinander antreten.

🎯 spielerische Wiederholung und Ergebnissicherung

Quizfragenerstellung in EA, Spielen im PL

Informationsmaterial und Ergebnisse aus der Unterrichtssequenz

▶ sinnvolle und korrekte Formulierung von Fragen und Antworten
▶ thematischer Tiefgang der Fragen

✂ -

Matrix zur Leistungsfeststellung und -bewertung: Quizfragen und -antworten zum Thema erstellen

Kriterien	Formulierung der Fragen und Antworten	thematischer Tiefgang
Teilnote		
x Gewichtung	3	2
Zwischenwert		

$$: 5 =$$

Summe aller Zwischenwerte : 5 = Gesamtnote

Handbuch „10 Tipps für …"

SK	WK	DK	KK	UK	PK
	✓		✓	✓	

ℹ Die S formulieren die zehn wichtigsten Tipps, Hinweise, Merkmale etc. zu einer Thematik (z. B. zehn Merkmale eines Propheten, zehn Tipps für ein respektvolles Miteinander etc.). Alternativ sind auch zehn „Anti-Tipps" möglich. Diese sorgen meistens für viel Heiterkeit.

🎯 wichtige Aspekte einer Thematik auf den Punkt bringen, Wiederholung und Ergebnissicherung

👥 EA, PA oder GA

📄 Informationsmaterial zum Sachverhalt

👍
- ▶ Erkennen der zehn prägnantesten und wichtigsten Aspekte des Themas
- ▶ pointierte Formulierung der zehn Tipps

✂ -

Matrix zur Leistungsfeststellung und -bewertung: Handbuch „10 Tipps für …"

Kriterien	Erkennen der zehn prägnantesten und wichtigsten Aspekte	pointierte Formulierung
Teilnote		
x Gewichtung	3	2
Zwischenwert		

```
                        : 5 =
Summe aller Zwischenwerte :   5   =   Gesamtnote
```

40

Placemat

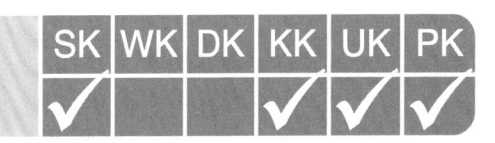

SK	WK	DK	KK	UK	PK
✓			✓	✓	✓

ⓘ Zunächst trägt jede*r S das eigene Wissen/die eigene Meinung in sein*ihr Feld in der Placemat ein. Anschließend tauschen sich die Mitglieder der Gruppe aus, einigen sich auf eine gemeinsame Lösung und notieren diese im mittleren Feld der Placemat.

🎯 Informations-, Meinungs- und Wissensaustausch; Verständigung auf thematische Schnittmengen

👥 GA (Vierergruppen)

✍ Placemat-Vorlagen

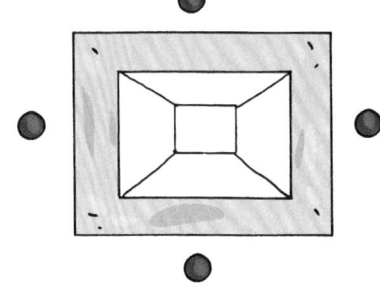

✊ ▸ weitsichtige, tiefgehende und vielschichtige Stellungnahme zum Thema
▸ Bereitschaft zur Einigung auf eine gemeinsame thematische Schnittmenge

Schriftliche Beiträge

✂ -

Matrix zur Leistungsfeststellung und -bewertung: Placemat

Kriterien	eigene Stellungnahme zum Thema	Bereitschaft zur Einigung
Teilnote		
x Gewichtung	3	2
Zwischenwert		

$$: 5 =$$

Summe aller Zwischenwerte : 5 = Gesamtnote

Cluster

SK	WK	DK	KK	UK	PK
✓	✓	✓	✓		

ℹ Die S erstellen ein Cluster zu einem vorgegebenen Schlüsselbegriff.

🎯 zu einem Schlüsselbegriff oder neuen Thema vielschichtige Assoziationen finden, Abfrage von Vorwissen (z. B. zu Beginn einer neuen Unterrichtsreihe)

GA oder PL

Papier und Stifte, Tafel und Kreide oder Whiteboard

▶ Vielfalt der Assoziationen
▶ Kreativität der Assoziationen

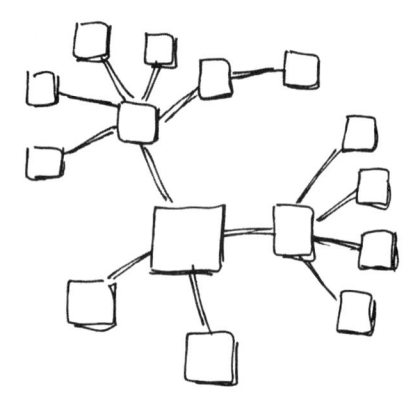

Matrix zur Leistungsfeststellung und -bewertung: Cluster

Kriterien	Vielfalt der Assoziationen	Kreativität der Assoziationen
Teilnote		
x Gewichtung	3	2
Zwischenwert		

 : 5 =

Summe aller Zwischenwerte : 5 = Gesamtnote

Buchstabensalat

SK	WK	DK	KK	UK	PK
✓			✓	✓	

Die S suchen Schlüsselbegriffe zum behandelten Unterrichtsthema. Diese tragen sie in ein Gitterraster ein. Die verbleibenden leeren Kästchen des Rasters füllen sie mit beliebigen Buchstaben.

Die Raster werden eingesammelt, gemischt und wieder an die S ausgeteilt, sodass jede*r S ein fremdes Raster vorliegen hat, aus dem er*sie die Schlüsselbegriffe heraussucht. Abschließend wird gemeinsam überlegt, warum bestimmte Begriffe sehr oft bzw. sehr selten gewählt wurden.

---

spielerisch das Wichtigste aus einer Thematik herausfiltern, Wiederholung und Ergebnissicherung

---

EA, danach PL

Blätter mit Raster

▶ Gewichtigkeit der gewählten Begriffe
▶ Geschick bei der Anordnung der Begriffe im Raster

✂ -

Matrix zur Leistungsfeststellung und -bewertung: Buchstabensalat

Kriterien	Gewichtigkeit der Begriffe	Anordnung der Begriffe
Teilnote		
x Gewichtung	3	2
Zwischenwert		

$$\_\_\_ : 5 = \_\_\_$$

Summe aller Zwischenwerte : 5 = Gesamtnote

Schriftliche Beiträge

Exkursion

SK	WK	DK	KK	UK	PK
✓		✓	✓		✓

Schriftliche Beiträge

ⓘ Die S planen eine Exkursion und führen diese anschließend durch.

🎯 eigenverantwortliches Arbeiten, Lernen vor Ort

👥 PA

📓 kein Material benötigt

👍
- ▶ Auswahl des Exkursionsziels
- ▶ thematische/inhaltliche Vorbereitung
- ▶ Organisation
- ▶ Nachbereitung und Dokumentation

Matrix zur Leistungsfeststellung und -bewertung: Exkursion

Kriterien	Auswahl des Exkursionsziels	thematische Vorbereitung	Organisation	Nachbereitung/ Dokumentation
Teilnote				
x Gewichtung	1	3	1	2
Zwischenwert				

```
                    : 7 =
Summe aller Zwischenwerte :  7  =  Gesamtnote
```

Filmische Dokumentation

SK	WK	DK	KK	UK	PK
✓	✓	✓		✓	✓

ℹ Die S erstellen einen kleinen Film zu einem Thema (z. B. Besuch eines außerschulischen Lernortes: Kloster, Museum etc.).

🎯 eine Thematik subjektiv gefärbt filmisch visualisieren

👥 GA

📷 Kamera/Smartphone, Storyboard

👍
- ▶ aussagekräftige Bild- und Szenengestaltung
- ▶ Lebendigkeit der Texte
- ▶ musikalische Untermalung
- ▶ Gesamtstruktur des filmischen Aufbaus

✂ -

Matrix zur Leistungsfeststellung und -bewertung: Filmische Dokumentation

Kriterien	Bild- und Szenengestaltung	Lebendigkeit der Texte	musikalische Untermalung	Gesamtstruktur
Teilnote				
x Gewichtung	3	2	1	2
Zwischenwert				

$$: 8 =$$

Summe aller Zwischenwerte : 8 = Gesamtnote

Künstlerisch-kreative Inszenierungen

45

Fotocollage

SK	WK	DK	KK	UK	PK
✓	✓	✓	✓	✓	✓

ℹ Die S erstellen eine Fotocollage zu einem Thema.

◎ eine Thematik in vielen subjektiv gefärbten Bild- und Textfacetten visualisieren

EA, PA oder GA

Bild- und Textmaterial aus diversen Zeitschriften bzw. aus dem Internet

- ▶ Passgenauigkeit der ausgewählten Bilder
- ▶ Passgenauigkeit der ausgewählten Texte
- ▶ Gesamtkomposition von Texten und Bildern
- ▶ Aussagekraft des Arrangements

Matrix zur Leistungsfeststellung und -bewertung: Fotocollage

Kriterien	Bildauswahl	Textauswahl	Gesamt-komposition	Aussagekraft
Teilnote				
x Gewichtung	2	1	3	2
Zwischenwert				

: 8 =

Summe aller Zwischenwerte : 8 = Gesamtnote

Fotostory

SK	WK	DK	KK	UK	PK
✓	✓	✓	✓	✓	✓

Die S erstellen eine Fotostory zu einem Thema.

eine Thematik in einer subjektiv gefärbten Bildergeschichte visualisieren

GA

Fotoapparat/Smartphone, Storyboard

- ▶ aussagekräftige Bild- und Szenenauswahl
- ▶ Mimik und Gestik der Darsteller*innen
- ▶ Wahl des Ortes
- ▶ Textbausteine (Überschriften, Sprechblasen etc.)

✂ -

Matrix zur Leistungsfeststellung und -bewertung: Fotostory

Kriterien	Bild- und Szenenauswahl	Mimik und Gestik	Wahl des Ortes	Textbausteine
Teilnote				
x Gewichtung	3	2	1	1
Zwischenwert				

: 7 =

Summe aller Zwischenwerte : 7 = Gesamtnote

Künstlerisch-kreative Inszenierungen

Standbild

SK	WK	DK	KK	UK	PK
✓	✓				

ℹ Die S stellen eine Szene, Problematik oder Situation in einem Standbild dar.

◎ sich in eine Situation hineinversetzen, diese nachstellen, nachempfinden und ggf. einen Perspektivenwechsel erleben

👥 GA

✂ kein Material benötigt

👍
- ▶ Darstellung (Körperhaltung, Mimik, Gestik)
- ▶ anschließende verbale Stellungnahme mit Erörterung der nachempfundenen Gefühle der dargestellten Person
- ▶ Erkenntnisse durch den Perspektivenwechsel

Künstlerisch-kreative Inszenierungen

Matrix zur Leistungsfeststellung und -bewertung: Standbild

Kriterien	Darstellung	verbale Stellungnahme und Erörterung	Erkenntnisse durch den Perspektivenwechsel
Teilnote			
x Gewichtung	3	2	2
Zwischenwert			

$$: 7 =$$

Summe aller Zwischenwerte : 7 = Gesamtnote

Der heiße Stuhl

SK	WK	DK	KK	UK	PK
✓	✓	✓	✓	✓	✓

Ein*e S nimmt die Rolle einer Person (z. B. aus einer Geschichte, auf einem Bild, in einer Karikatur etc.) ein und setzt sich vor die Klasse auf einen Stuhl, den „heißen Stuhl". Die S stellen Fragen an die von ihrem*ihrer Mitschüler*in verkörperte Person, die diese*r aus der Rolle heraus beantwortet.

subjektives Nachempfinden der Befindlichkeit einer Person durch Verkörperung und Perspektivenwechsel

PL

Geschichte, Bild, Karikatur etc., aus der/dem die Person stammt

▶ Identifikation mit der Person
▶ Perspektivenwechsel
▶ Antwortqualität

Matrix zur Leistungsfeststellung und -bewertung: Der heiße Stuhl

Kriterien	Identifikation mit der Person	Perspektivenwechsel	Antwortqualität
Teilnote			
x Gewichtung	3	2	2
Zwischenwert			

$$: 7 =$$

Summe aller Zwischenwerte : 7 = Gesamtnote

Rap

SK	WK	DK	KK	UK	PK
✓	✓	✓			

ℹ Die S verfassen einen Rap zu einer Thematik, einer Geschichte, einem Bild, einem Foto, einer Karikatur etc.

◎ Umformung eines Textes oder einer Thematik in eine zeit- und schüler*innengemäße Textform mit subjektiver Färbung und individueller Schwerpunktsetzung

👥 EA oder PA

✏️ Text, Thematik, Bild, Foto, Karikatur etc.

- ▶ raptypischer Rhythmus
- ▶ Reim
- ▶ Schwerpunktsetzung mit subjektiver Färbung

Künstlerisch-kreative Inszenierungen

Matrix zur Leistungsfeststellung und -bewertung: Rap

Kriterien	Rhythmus	Reim	subjektive Färbung
Teilnote			
x Gewichtung	2	2	1
Zwischenwert			

$$: 5 =$$

Summe aller Zwischenwerte : 5 = Gesamtnote

Radio-Feature

SK	WK	DK	KK	UK	PK
✓	✓	✓	✓	✓	✓

Die S gestalten einen Informationsbericht zu einer Thematik, einer Geschichte, einem Buch, einem Bild, einem Foto etc. in Form eines Radiobeitrages.

Umformung eines Textes oder einer Thematik in ein Format der lebensweltlichen Wirklichkeit

PA oder GA

Smartphone, ggf. Schneideprogramm und entsprechende Software

- ▶ korrekte und treffende Umsetzung der Thematik
- ▶ Gliederung und Strukturierung des Beitrags
- ▶ Plausibilität der Botschaft
- ▶ technische Aufbereitung

Matrix zur Leistungsfeststellung und -bewertung: Radio-Feature

Kriterien	korrekte Umsetzung	Gliederung	Plausibilität	technische Aufbereitung
Teilnote				
x Gewichtung	3	2	1	1
Zwischenwert				

: 7 =

Summe aller Zwischenwerte : 7 = Gesamtnote

Powerpoint-Präsentation

SK	WK	DK	KK	UK	PK
✓	✓	✓	✓		✓

ⓘ Ein Sachverhalt/Thema wird als Powerpoint-Präsentation aufbereitet und der Lerngruppe präsentiert.

◎ Umformung einer Thematik in eine zeit- und schüler*innengemäße digitale Form

👥 EA oder PA

📊 digitales Endgerät

▶ korrekte Erfassung des Sachverhaltes
▶ kreative Umsetzung des Sachverhaltes mithilfe der Powerpoint-Präsentation
▶ Präsentation und Erläuterung

Künstlerisch-kreative Inszenierungen

------- ✂ -------

Matrix zur Leistungsfeststellung und -bewertung: Powerpoint-Präsentation

Kriterien	Sachverhalt	Umsetzung	Präsentation
Teilnote			
x Gewichtung	1	1	1
Zwischenwert			

```
                    :  3  =
Summe aller Zwischenwerte  :  3  =  Gesamtnote
```

Szenisches Spiel

SK	WK	DK	KK	UK	PK
✓	✓		✓	✓	✓

Die S setzen einen Text, eine Problematik, ein Alltagsgeschehen etc. in ein szenisches Spiel um.

subjektives Erleben der Situation, evtl. mit Perspektivenwechsel

PA oder GA

Informationsmaterial zum thematischen Inhalt des szenischen Spiels

- ▶ lebendige und treffende Umsetzung der Thematik
- ▶ schauspielerische Leistung
- ▶ ggf. Lösungsfindung bei Problemszenen

Matrix zur Leistungsfeststellung und -bewertung: Szenisches Spiel

Kriterien	Umsetzung der Thematik	schauspielerische Leistung	Lösungsfindung bei Problemszenen
Teilnote			
x Gewichtung	1	1	2
Zwischenwert			

: 4 =

Summe aller Zwischenwerte : 4 = Gesamtnote

Künstlerisch-kreative Inszenierungen

Pantomime

SK	WK	DK	KK	UK	PK
✓	✓	✓			

Die S setzen einen Text, eine Problematik, ein Alltagsgeschehen etc. pantomimisch um.

subjektives Erleben der Situation, evtl. mit Perspektivenwechsel

EA, PA oder GA

Informationsmaterial zum thematischen Inhalt der pantomimischen Darstellung

- ▶ lebendige und treffende Umsetzung der Thematik
- ▶ pantomimische Leistung
- ▶ ggf. Lösungsfindung bei Problemanlässen

Matrix zur Leistungsfeststellung und -bewertung: Pantomime

Kriterien	Umsetzung der Thematik	pantomimische Leistung	Lösungsfindung bei Problemanlässen
Teilnote			
x Gewichtung	1	1	2
Zwischenwert			

: 4 =

Summe aller Zwischenwerte : 4 = Gesamtnote

Portfolio

SK	WK	DK	KK	UK	PK
✓	✓	✓	✓	✓	✓

ℹ Die S erstellen über einen längeren Zeitraum zu einem Themenbereich ein Portfolio. Darin sammeln sie Dokumente, Arbeitsblätter, Lernprodukte, Reflexionsergebnisse etc., die den Arbeitsprozess und die Arbeitsergebnisse dokumentieren. Das Portfolio kann einen bewertbaren öffentlichen und einen nicht-bewertbaren persönlichen Teil haben. Es kann als Prozessportfolio (dokumentiert den individuellen Lernweg und -erfolg) oder Ergebnisportfolio (dokumentiert und reflektiert individuelle Lernergebnisse) angelegt sein.

🎯 durch regelmäßiges aktives, selbstgesteuertes und reflektierendes Lernen ein vertieftes und subjektiv als besonders bedeutsam und interessant empfundenes Verständnis des Themengebietes und des Lernprozesses erhalten

👥 EA

📝 Dokumente aus dem Lernprozess

👍 Bei der Bewertung eines Portfolios ist stets zu bedenken, dass es sehr individuell und subjektiv geführt wird. Auf folgende Leistungen kann man sich aber grundsätzlich einigen:
- ▶ Vollständigkeit der Arbeitsblätter, Arbeitsergebnisse etc.
- ▶ individuelle Leistung ist dokumentiert und erkennbar
- ▶ sprachliche Korrektheit (Rechtschreibung, Grammatik, Zeichensetzung etc.)
- ▶ Reflexionsdokumente
- ▶ Gesamterscheinung (Sauberkeit, Ordnung, Nummerierung, Datum, Überschrift etc.)

✂ -

Matrix zur Leistungsfeststellung und -bewertung: Portfolio

Kriterien	Vollständigkeit	Dokumentation der individuellen Leistung	sprachliche Korrektheit	Reflexions-dokumente	Gesamt-erscheinung
Teilnote					
x Gewichtung	2	3	1	2	1
Zwischenwert					

$$\boxed{\quad : 9 = \quad}$$

Summe aller Zwischenwerte : 9 = Gesamtnote

Lerntagebuch

SK	WK	DK	KK	UK	PK
✓	✓	✓	✓	✓	✓

ⓘ Die S erstellen über einen längeren Lernprozess ein Lerntagebuch.

🎯 durch regelmäßiges aktives, selbstgesteuertes und reflektierendes Lernen den eigenen Lernprozess reflektieren, die eigene Leistung einschätzen, ein vertieftes und subjektiv als besonders interessant empfundenes Verständnis des Themengebietes erhalten

EA

Dokumente aus dem Lernprozess

Bei einem Lerntagebuch steht die individuelle Reflexion des*der S stärker im Fokus:
- Vollständigkeit der Arbeitsblätter, Arbeitsergebnisse etc.
- individuelle Leistung ist dokumentiert und erkennbar
- sprachliche Korrektheit (Rechtschreibung, Grammatik, Zeichensetzung etc.)
- Regelmäßigkeit der Aufzeichnungen
- Reflexion im Sinne eines Zwiegesprächs des*der Autor*in mit sich selbst
- Gesamterscheinung (Sauberkeit, Ordnung, Nummerierung, Datum, Überschrift etc.)

Matrix zur Leistungsfeststellung und -bewertung: Lerntagebuch

Kriterien	Vollständig-keit	Dokumen-tation der individuellen Leistung	sprachliche Korrektheit	Regelmä-ßigkeit	Reflexion	Gesamt-erscheinung
Teilnote						
x Gewichtung	2	3	1	3	2	1
Zwischenwert						

: 12 =

Summe aller Zwischenwerte : 12 = Gesamtnote

Dokumentation längerfristiger Lern- und Arbeitsprozesse

Jahresarbeit

SK	WK	DK	KK	UK	PK
✓	✓	✓	✓	✓	✓

Die S schreiben im Laufe eines Schuljahres außerhalb der Unterrichtszeit eine Ausarbeitung zu einem Thema ihrer Wahl bezogen auf ein Unterrichtsfach.

intrinsisch motiviert eine schriftliche Arbeit anfertigen

EA

S besorgen sich ihr Material selbst

- ▶ Umfang und Komplexität der Arbeit
- ▶ thematischer Tiefgang
- ▶ deutliche Erkennbarkeit des persönlichen Interesses
- ▶ Illustrationen, Bilder, Zeichnungen, Fotos etc.
- ▶ sprachliche Korrektheit (Rechtschreibung, Grammatik, Zeichensetzung etc.)
- ▶ Gesamterscheinung (Sauberkeit, Ordnung, Nummerierung, Datum, Überschriften etc.)

- -

Matrix zur Leistungsfeststellung und -bewertung: Jahresarbeit

Kriterien	Umfang und Komplexität	thematischer Tiefgang	persönliches Interesse	Illustrationen etc.	sprachliche Korrektheit	Gesamterscheinung
Teilnote						
x Gewichtung	2	3	3	2	2	1
Zwischenwert						

Dokumentation längerfristiger Lern- und Arbeitsprozesse

$$: 13 =$$

Summe aller Zwischenwerte : 13 = Gesamtnote

57

Traumpaar

SK	WK	DK	KK	UK	PK
✓	✓	✓	✓	✓	

ⓘ Zwei S bilden ein Traumpaar. Sie wiederholen als Team mündlich die wichtigsten Inhalte und Ergebnisse der letzten Unterrichtsstunde.

◎ Lernzuwachskontrolle und Wiederauffrischung der Inhalte der letzten Stunde, um anschließend am Thema weiterzuarbeiten; Förderung und Betonung des kollegialen Miteinanders des „Traumpaars": Die beiden S sollen sich gegenseitig helfen, denn sie bekommen beide dieselbe Note.

PA

evtl. Arbeitsmaterial der Vorstunde (Bild, Foto, Karikatur, Lied, Text etc.)

▶ korrekte Wiedergabe der Inhalte
▶ vollständige Wiedergabe der Inhalte

Matrix zur Leistungsfeststellung und -bewertung: Traumpaar

Kriterien	korrekte Wiedergabe	vollständige Wiedergabe
Teilnote		
x Gewichtung	1	1
Zwischenwert		

Summe aller Zwischenwerte : 2 = Gesamtnote

Questions

SK	WK	DK	KK	UK	PK
✓					

ℹ️ Die S beantworten schriftlich Fragen, die sich auf Unterrichtsinhalte der maximal letzten drei Stunden beziehen. Der hierfür angesetzte Zeitrahmen sollte maximal zehn Minuten betragen.

🎯 schriftliche Lernzuwachskontrolle

👥 EA

📄 Aufgabenblatt

✊ Korrektheit der Antworten

- - - ✂ -

Matrix zur Leistungsfeststellung und -bewertung: Questions

☒	Kriterien	Note
	100–96 % korrekte Antworten	1
	95–82 % korrekte Antworten	2
	81–65 % korrekte Antworten	3
	64–45 % korrekte Antworten	4
	44–20 % korrekte Antworten	5
	19–0 % korrekte Antworten	6

Fehlertext

SK	WK	DK	KK	UK	PK
✓		✓		✓	

ℹ Die S finden in einem von der L entworfenen Fehlertext die Fehler und nennen bzw. schreiben die richtigen Antworten oder Begriffe auf.
Variante: Die S schreiben selbst Fehlertexte, die die Mitschüler*innen korrigieren müssen.

🎯 Lernzuwachskontrolle

👥 EA

📝 Fehlertext

👍
- Finden der Fehler
- Korrektur der Fehler

Matrix zur Leistungsfeststellung und -bewertung: Fehlertext

☒	Beurteilungskriterien	Note
	100–96 % der Fehler gefunden und korrekt verbessert	1
	95–82 % der Fehler gefunden und korrekt verbessert	2
	81–65 % der Fehler gefunden und korrekt verbessert	3
	64–45 % der Fehler gefunden und korrekt verbessert	4
	44–20 % der Fehler gefunden und korrekt verbessert	5
	19–0 % der Fehler gefunden und korrekt verbessert	6

5-Fragen-Quiz

SK	WK	DK	KK	UK	PK
✓					

ℹ Ein*e S beantwortet zu Beginn der Stunde fünf von der L formulierte Fragen zum Inhalt der letzten Stunde.

◎ Lernzuwachskontrolle

👥 EA

✏ fünf Fragen der L

👍 Korrektheit der Antworten

Matrix zur Leistungsfeststellung und -bewertung: 5-Fragen-Quiz

☒	Der*die Schüler*in kann …	Note
	alle fünf Fragen richtig beantworten.	1
	vier Fragen richtig beantworten.	2
	drei Fragen richtig beantworten.	3
	zwei Fragen richtig beantworten.	4
	eine Frage richtig beantworten.	5
	keine Frage richtig beantworten.	6

Moderationskarten

SK	WK	DK	KK	UK	PK
✓					

ℹ Ein*e S wiederholt und erläutert mithilfe von drei bis fünf Moderationskarten, auf welchen sich je ein zentraler Begriff zur Thematik befindet, die wichtigsten Inhalte und Ergebnisse der letzten Unterrichtsstunde.

🎯 Wiederauffrischung der Inhalte der letzten Stunde, um anschließend am Thema weiterzuarbeiten

👤 EA

✏️ Moderationskarten

👍
- ▶ korrekte Wiedergabe der Inhalte
- ▶ vollständige Wiedergabe der Inhalte im Kontext der verwendeten Begriffe
- ▶ sprachliche Gewandtheit

✂ -

Matrix zur Leistungsfeststellung und -bewertung: Moderationskarten

Kriterien	korrekte Wiedergabe	vollständige Wiedergabe	sprachliche Gewandtheit
Teilnote			
x Gewichtung	2	1	2
Zwischenwert			

$$: 5 =$$

Summe aller Zwischenwerte : 5 = Gesamtnote

Fragen-Fußball

SK	WK	DK	KK	UK	PK
✓	✓		✓		

ℹ Am Ende einer Unterrichtsreihe gehen die S für ca. 20 Minuten ins „Trainingslager", in dem sie in GA Fragen und Antworten zur Unterrichtsreihe formulieren. Die L fungiert dabei als „Trainer", indem sie Tipps z. B. zur klaren Formulierung der Fragen gibt oder die Fragen und Antworten auf ihre Korrektheit überprüft. Dann folgt das eigentliche Fußballspiel: Die S werden in zwei Mannschaften eingeteilt, die sich abwechselnd „Bälle" in Form von Fragen „zuschießen", die vom gegnerischen Team „zurückgeschossen", d.h. beantwortet werden müssen. Für jede richtige Antwort darf der Ball auf einem an der Tafel aufgemalten Fußballfeld in einem bestimmten Abstand zum gegnerischen Tor vorgerückt werden, bis er im Tor ist.

🎯 spielerische Wiederholung und Sicherung des Lernzuwachses

👥 GA, danach PL

✏️ von den S entwickelte Fragen und Antworten

✊ ▶ Geschicklichkeit und Niveau der Fragenformulierung im „Trainingslager"
　　▶ Korrektheit der Antworten beim „Spiel"

----------✂----------

Matrix zur Leistungsfeststellung und -bewertung: Fragen-Fußball

Kriterien	Fragenformulierung	Korrektheit der Antworten
Teilnote		
x Gewichtung	1	3
Zwischenwert		

$$: 4 =$$

Summe aller Zwischenwerte :　4　= Gesamtnote

Alle Unterrichtsmaterialien
der Verlage Auer, PERSEN und scolix

» jederzeit online verfügbar

lehrerbuero.de
Jetzt kostenlos testen!

» **lehrerbüro**
Das **Online-Portal** für Unterricht und Schulalltag!